JN418181

장미의 외출

장미의 외출

김종석 시집

모아드림

■ 시인의 말

시집 『장미의 외출』을 출판사에 보내고 오랜만에 집 근처 정원을 산책한다.

천천히 걷다보니 문득 소련 작가 투르게네프가 원고를 써놓고도 수없이 퇴고한다던 얘기가 떠오른다. 나는 집으로 달려와 그동안 쓰고 또 쓰고 했던 서랍 속 시편을 세어본다. 1,350편이다. 더듬거리며, 기억나지 않았던 길들이 시의 행간 속에서 환하게 펼쳐진다. 순간, 내 영혼의 흔적들을 몇 년이 걸리더라도 작심해서 쓰고 싶다는 충동이 인다. 누군가가 읽어주든, 혹은 읽어주지 않는다할지라도 쓰고, 또 쓰고 싶다. 시를 쓰다가 설령 죽는 한이 있더라도 새롭게 떠오르는 시 한편에 내 영혼을 사로잡히고 싶다. 오늘도 책상 앞에 앉으며, 외로움과 숱한 고통이 모두 사라져 버리는 시의 구원을 꿈꾼다.

2016년 초여름, 장미의 계절에

김 종 석

_ 차 례

2부_장미의 외출

3부_ 붉은 십자가

4부_사막에 피어있는 장미꽃 한 송이

제1부
사랑했었네

바다가 달려온다

바다가 달려온다
바람처럼 투명하다
출렁이며 파도를 만들어 낼 때
백합꽃처럼 하얀 색으로
바다는 향기가 없어도
바람보다는 더 짙은 향기가 있다
우리들의 고향은
바다였을까, 흙이었을까
이루어진 모든 것들
거슬러 올라가 보면
수많은 것들이 엉켜
결국 하나가 된다
나의 꿈처럼
바다가 나에게 달려온다
그녀가 나를 향해 달려왔던 것처럼.

장미 여인

어젯밤 비가 내렸나 보다
꽃잎이 너덜너덜해졌다
외부의 침입이 있었던 것 분명한데
다른 장미는 괜찮다

빨갛던 장미만 머리가
모두 벗겨졌다
옆에 멀쩡한 장미들은
눈 동그랗게 뜨고
으쓱으쓱 춤까지 춘다
모두 기분이 화창한 아침이다

꽃잎은 땅에 떨어져
주위엔 핏빛이다
백장미가 크게 하품을 하며
초록색 치마만 유난히 커 보이는
장미를 본다
융단 위에서 기세등등하다

마지막 남은 몇 잎은
이슬도 받치기 어려웠는지
치마 옆으로 붙는다
이쯤 되니 장미 여인이라
고개 끄덕여 주기가 좀 그렇다

초록색 치마 질끈 동여매고
날카로운 가시 앞세우고
찢어진 꽃잎과
비틀어진 잎 아랑곳없이
나는 장미의 여인이라 외친다.

나목

잎을 피우기 위하여 고목은
소리 없이 운다, 소리 없이 부른다
오랜 세월 말없이 그곳을
맴돌던 나의 영혼처럼
목마른 눈물이 없어도
목이 말라 가슴이 아파도
고목은 우리들이 했던
이야기를 모두 기억한다
그리고 우리네 젊었던
옛 시절을 얘기한다

죄다 남김없이 태워 버릴 것 같은
여름날 태양 빛도
푸르게 우거진 너의 숲을
정복하지 못했지
나는 너에게 등을 기대고
눈을 감으면 지난해 가을
너의 아름다움에 그저 미소 지을 뿐
무슨 얘기를 할 수 있을까

겨울날 폭풍이 불면
나의 작은 초막집 지켜주고
오직 너를 의지한 채 깊은 잠을 자곤 했다
고목은 지난날의 얘기를 끝내면
침묵하지만 나는 고목이
무슨 얘기를 하려는지 알고 있다

나는 슬퍼도 눈물이 없다
그저 안타까울 뿐이다
언젠가 너의 목마름에
누군가 슬피 울며 너에게
눈물을 뿌려 주리라 다시금
새파란 푸른 잎을 피우기 위하여.

허수아비

바람이 분다 가슴속 통증을 날려버릴 것처럼 분다
엄지와 중지 두 손을 합하여 동그랗게 불어온다
저 바람에 내 몸이 부서질 것 같다
바람은 내 가슴을 뚫고 지나간다
내가 피해야 했나
그럴 이유를 한 번도 느껴보지 못했다
가을바람이 내 가슴을 지나고 허전한 마음인데
느닷없이 허수아비 생각나는 오후
그는 바람을 잘 견디고 있을까
바람들이 모두 할퀴고 뼈대만 앙상하다
그래도 그는 하얗게 웃고 있다
새가 날아와 앉는다
상의가 나처럼 너덜너덜해졌다
웃는다 나는 걷는다
누군가 가을이 걷고 있다고 얘기한다
눈에 보이는 것이 있다
모두 떠나는 것들인가 보다
처음엔 모여서 함께 떠난 듯했는데
여기저기 흩어져 사라진다

피곤한 오후, 눈을 감았다가 눈을 떴다
지금 내 눈에 보이는 건 아무것도 없다.

국화 한 송이 불에 타고 있을 때

국화꽃 한 송이 타고 있을 때
내 마음도 함께 타고 있었지요
국화꽃 한 송이 정중히 올려놓을 때
끝이 나지 않는 행복한 세상일 줄 알았는데
국화꽃 한 송이 올려놓을 때 모든 것 잃었지요

당신과 나눈 포옹과 입맞춤이
결코 가벼운 떨림만이 아니었지요
바다가 얼고 태양이 언 듯 고요한 세상
내 마음은 당신과 함께 꼬옥 손잡고

그 사랑이 우리가 만들어 낸 것이 아니었다는 것을
깨달은 순간부터 세상 모두가 얼어붙고
굉음 속에서 타오르는 용광로 옆에서
먼 훗날이 되어 버렸지만 당신을 찾을 수 없어

당신은 살아 있을 때, 하얀 국화꽃 속에 묻혀 있고
누군가 아름답게 화장을 해 주었지요 너무 향기롭게
당신 주위를 떠나려 하지 않았던 사람들과

당신 곁에 있습니다.

국화꽃 한 송이 타고 있을 때처럼.

새들의 겨울

눈발 그치자 세찬 바람이
눈밭을 휘젓습니다
불규칙하게 하늘로 휘날리던 눈은
작고 하얀 새가 되어
어디론가 날아가 버립니다
바람은 잠시 뜸들이더니
또다시 태풍이 되어
쌓여 있는 눈을 흩트려 놓습니다.

이번에는 작고 하얀 새가 아닌
아름다운 모습으로
치장한 작은 새가 되어
하늘 높이, 높이도
날아가 버립니다
바람은 참으로 신기합니다
나는 어리둥절하여
그 모습들을 바라보며
정신을 가다듬을 수 없었습니다

어느 겨울날 또 그날을
기다려보며
이번에는 무엇을
만들어낼지 궁금합니다
나는 하루종일 쌓여 있는
저 눈송이를 바라보며
다시 바람이 불기를 기다렸습니다.

꽃의 파도

장미꽃 지고 말라 생을 마감하더니
꽃 피워 올린 장미 가지 잎에서
파도가 인다
파도는 아침에 울고
주인 잃은 배 한 척 바다로 떠나갔네
강으로 떠나도 마찬가지인 것을
내일 아침 이파리에선 파도가 울 텐데
주인 잃은 배 한 척 파도에 힘 살리데
어디가 내 고향인 줄도 모르며 살아간다
고향이 너무 많아 추억도 너무 많아
이슬처럼 흘러야 나뉘어 흘러갈 내 눈물
주인 잃은 것들은 밤의 도시를 메아리치고
분노처럼 방파제를 때린다
때린다, 때리고 또 때린다.

봄을 생각하며

— 새싹

모든 것들이 겨울을 떠나며
손을 떼고 떠났다
겨울 손에서 놓인 것들 사이로
푸르스름한 여린 새싹들이
뿌리 내리고 나서 연두색 같은
작은 미소 띠며 조심스레
흙을 머리에 이고 땅 위로 올라온다
자궁에서 아이가 쏘옥 빠져나오듯
울음소리에 놀란 작은 흙들이
가녀린 것에서 부서지며 땅 위로 흩어진다.
무게를 풀어 젖힌 것들 확인하고
크게 소리 없이 새로운 날을 들이쉰다
태양열을 이기지 못한
작은 얼음 부스러기들은 떨어지지 못하고
샛노란 잎 속으로 빨려든다
태양은 모든 것을 걷어 치운 채
어린 아이들의 기지개 켜는 모습에
귀여워 어쩔 줄 모른다
그늘진 곳을 기웃거리며
모든 닫힌 문을 열어젖힌다.

하늘이 우는데

반짝이는 별들은, 하늘이 울면서 흐르는 눈물이다.
세상이 우는 소리는 아무도 듣지 못했다.
나를 싣고 떠나야 하는 것은 빈 몸으로 떠났다.

그래도 나는 울지 않는다. 하늘이 울어도……
수많은 별들이 다가와도 나는 눈 감으면 되지
부모님이 돌아가시면 하늘에게 부탁하리.

거침없이 산 정상에 올라와 별 세어 보면 될 것을
뒷산 무덤에 앉아 얘기하면 되지
미움에서 미움으로 내 삶 끝나더라도 후회하지 말자.

내 주위가 온통 별밭 되어도 나는 울지 않으리
태양이 나를 잘 태우도록 양지바른 곳을 찾자.
세상은 속으며 사는 곳, 속이지는 말아야지.

의견은 다를지 몰라도 생각이나 장소는 변하지 않아
나, 태어난 곳에서 얼마 떨어지지 않을 거야.
누군가 들려줄 것 같은 노랫소리 한 절만 불러도 충분해.

사랑했었네

비바람 불던 날 우두커니 그녀 기다렸네
눈보라치고 얼어붙은 몸으로 나 거기에 있었네
그녀는 날 보고 스치듯 지났는지 몰라도
그녀 모습 보이지 않았네

그녀를 보면 내 눈 변할 것 같아
하루 종일 그녀 모습 생각하며
눈앞 정경을 바라보며
발걸음 소리만 듣고 있었네
어느 날 밤, 방과 거실 오가며
사랑이라는 낱말 떠올리자
그녀 지나는 곳으로 자연스레 눈길이 갔네
사랑을 배웠으니 난 뭘 해야 하나
눈 멀고 귀 멀어도, 나 거기서 죽겠네.

발길은 월출산을 향하고

비바람이 내리는 깊은 밤에
나는 유령이 되어 집 밖으로 나선다

비와 바람과 꽃잎은 하나가 되어
내 몸을 휘감고 발길은
월출산을 향해 옮기지만
그저 가던 길 따라가고

나 홀로 이것을 선택했던 것은
오래 전 습관인데
무엇을 위하여 그저
무언가를 생각하고 싶어서

한 두어 시간 비를 맞고
걷다가 집에 들어와
모두 벗어던지고
바가지로 물을 몇 번 뒤집어쓰고

마른 새 옷을 입고 따뜻한

아랫목에 이불을 덮고
멍하게 천장을 바라보다
잠들기를 셀 수도 없이 많은 날

그저 나는 비바람이 좋아서
때로 맨몸으로 거닐고 싶은 생각을 하며
아스라이 잠들고 또 잠들고
꽃잎은 여전히 비바람에 떨어지는데.

나이아가라

가끔 길을 잘못 들어
강의 끝이 폭포라면

나는 강을 거슬러
쉬엄쉬엄
난간을 붙잡고
되돌아보면

꾸물거리며, 흘러가는 모습
헤아릴 수 없는 그 언젠가
땅을 가르고

풍경과 풍경, 그곳을 거슬러
처음 보았던 그 순간
기억 더듬어

수없이 먼 땅에서 언제든
내가 폭포가 될 수 있음에
아름다운 굉음의 물보라와

함께할 수 있기에

나는 너를 따라 밑으로, 밑으로
힘껏 달릴 것이다.

지렁이

세상을 살기 위하여 꿈틀거리는가
세상을 살리기 위하여 꿈틀거리는가
나는 지렁이가 죽지 않은 줄 알았다
가뭄이 오면 땅속 깊이
파고들면 되니까
그런데 말라비틀어져 죽은
지렁이를 보았다
나의 결론은 세상을 위하여
자기 생명을 내놓은
생물체가 있다는 걸 깨달았다
어쩌면 세상을 살기 위하여 몸부림치는
살아 있는 것이 있다면 몰라도
부모나 자식을 위하여
심장을 내줄 수는 있을 것이다
그런데 아직까지
그런 얘기를 듣지 못했다.

태풍이 몰아치는데

벚꽃이 몽우리지기 시작할 무렵
밤이면 태풍부터 불기 시작한다
벚꽃이 아스라이 향기를 품어 내던 그 고장은
태풍이 밤마다 비와 함께 온다
벚꽃 핀 길 향기가 어떻게 만들어졌을까
늦은 시간도 잠든 밤도
몸을 가눌 수 없을 정도로 태풍이 불어올 때면
난 시골 그 벚꽃 터널을 서서히 걷는다
시간은 나에게 지워져 있고
그 태풍의 향기가 나에게 다가온다
밤마다 검은 길을 서서히 걷는다
벚꽃은 내 몸에 감싸듯 떨어져도
그 다음날 또 그 다음날
꽃잎은 어디서 나오는 것일까
밤마다 자정이 훨씬 지난 다음
태풍은 나를 기다리며
매일 밤 젖은 몸으로 함께했었다
내 발길은 어디서 되돌아왔는지
비와 태풍 속에서 사색하고 싶었다
생각을 찾아 집으로 오면 다시금 휘몰아치는 태풍.

장미의 눈물

뜨거운 태양빛 내리비추는 장미원
장미꽃 하나 슬프게 울고 있다
지난 이맘때부터 지금까지 운다
작년 젊은이가 장미를 꺾으려다
가시에 수없이 찔리자
장미를 뭉개 놓았다
강한 신발로 뿌리부터
줄기까지 꽃들 모두 짓이겨 버렸다
올해는 작년처럼 뽐내지 않고 있다
여자가 장미에게 다가온다
그리고 코를 댄다
향기롭다는 듯
남자에게 나를 손가락질한다
남자는 용감하게 다가오더니
그저 여자만 바라볼 뿐
상처 입었나 보다
여우 같은 것, 장미가 중얼거린다
남자는 뜨거운 태양 빛에 앉아
장미 가시부터 자르고

가지도 신경질적으로 자른다
그때 가시가 남자 손목 근처를 찔렀다
한 개만이 아니다
여자에게 장미를 건네며
흐르는 피를 닦아도, 닦아도 흐른다.

촛불 스러지던 밤

오늘은 무얼 할까 생각하며 여기저기
거닐면서 새로운 생각을 한다
오늘도 어제처럼 지냈다 어둠은 언제쯤 찾아왔을까
해가 서산에 걸터앉아 있을 무렵
밤이면 산장 같은 외딴집
음악은 유일한 나의 친구
잠들면 소리 줄이지만 때론 그대로 밤을 보낸다
촛불 하나 켜니 고즈넉한 방
빛이 있어 진열된 책 제목들 대강 훑어본다
유난히 촛불이 빨리 타버린다
가느다란 촛불 하나 다시 불붙였다
은은한 실내 그리고 음악
그때 갑자기 가녀린 초가 바람에 쓰러진다
그래도 빛이 있어, 꺼지지 않아
누군가 소리 없이 방문을 열어젖혔다
장미 같은 향기 슬며시 방안에 퍼지고
나는 방문자보다 촛불을 일으켜 세운다
어느 여인이 촛불 빛만큼 보였다
촛불은 침묵보다 더 어두워지고

아무렇게나 방바닥에 주저앉은 여인
어디선가 많이 보았던 그 얼굴인데
녹아 남아 있는 빛으로 방안은 점점 어두워지고
너무 많이 노출되어 있었을까
어두워질수록 그녀의 하얀 살결이 빛난다.

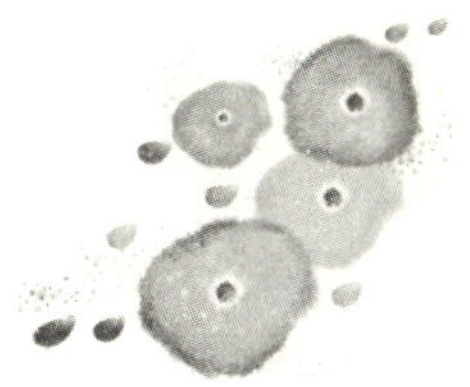

하얀 장미꽃

누군가 바쁜 듯
내 뒤를 총총총 소리 내며 걷는다
석양을 등에 지고 걷는 나는
내 그림자 밟고 지난다
조금은 젊게 보이는 여인 하나
그림자 남기고
내 그림자와 하나가 됐다
하얀 장미꽃 한 잎씩
나에게 날려 보낸다
해가서 산을 넘을 때
그림자 사라지고
장미꽃만 하얗게 지워진다.

제2부

장미의 외출

죽음보다 더 슬픈 것

죽음, 그것이 언제 찾아오든
우리가 받아들여야 하는 것임을
순록이 빛나는 아침에 비로소 깨달았다

사랑은 참으로 귀했다
찾기 힘든 진리처럼
영원한 사랑이 세상의 아름다움이었으면…
나는 누군가를 위하여 모든 걸 줄 수 있을 때였다

사랑하는 사람의 상처가 치유되고,
새로운 사랑은 다시 눈엽처럼 피어나고
그건 죽음이 아니었다, 사랑이었다
세상에 흔치 않은 사랑이었다

그러나 그 사랑, 세상에서 사라져
꽃잎 떨어진 계절처럼 아픔이 내게로 밀려올 때
사랑은 죽음보다 더 큰 슬픔이란 걸 깨달았다

어느 겨울에

눈이 내린다 하얀 나비처럼 곱게 내린다
돈 아끼기 위하여 머리 아파도
약국에만 들랑거렸던 아재

추운 겨울날 약 사러 갔다가
길에서 쓰러져 죽었다네
쓰러진 몸 위로 곱게
나비처럼 눈이 내렸다지

죽은 자를 슬픈 사람이라 말해야 할까
손에 쥐고 있었던 하얀 종이 한 장
맨몸으로 도시로 나와 10억을 벌었다지

오십 평 아파트에 자식들 유학 보내고
자신에겐 돈 한 푼 쓰지 않았다 하네
그해 겨울은 유난히 하얀 나비만 날아다녔다지.

민들레

양지바른 비탈길 사이로
한 그룹의 민들레가 피어 있다
오순도순 쉴 새 없이 떠들어 대는 것 같다
질긴 잎줄기처럼 생명력 강한 그들은
노오란 화장을 하고
도란거리는 그들은
뜯고 뽑아내도 또 피어난다
사람들 또한 모두들 그렇게 살고 있다
어둠속에 무너지면서 살고 있다
서로 밀치는 사람이 있기 때문에
때론 피투성이가 되어 나타난다.

바람 부는 날

어제 밤새 밖이 울더니
오늘은 아침부터 울고 있네

내일이면 팔월 일일인데
잠시 쉬어가는 여름인가

뒤뜰 수십 그루 나뭇잎들
소리 요란하네

창문 열었더니 가을 같은 날씨
세차게 부는 바람
내 마음도 어찌할 줄 모르네

창문 닫으니 조용해지는 방
바람소리 숨어 버리고

어젯밤 비 내리는 소리
똑같았던 리듬

밤새 창문 열어 놓고
외로워했었네

나 홀로 지키는 방
오늘밤도 또 비 내리며
울음소리 들릴까.

섬진강 은어 되어

별 되어 반짝이는 빛 자락 은수저
셀 수 없이 오랜 세월 강물 위에 떨어지네
빨갛게 핏빛 되어 심장 터지는 소리
흐르는 강물 위 뒷걸음질쳐 가며
보고 싶어 그리운 은빛 소녀여
어두운 돛 달아 추억으로 강물 속에 튀어 오르는
별 되어 반짝이는 빛 자락 나의 꿈
나 은어 되고 별 되어 아름다운 둥근달
교복 입은 소녀처럼, 은빛 같은 인어 되어
떠나는 머언 나라 꿈보다
강물에 어리는 둥근달 되어
반짝이는 별 세어 보네 밤이 새도록
나뭇가지 빈 사이사이 잿빛 그리움의 추억
손바닥에서 몸부림치네 모든 것 버리고
흐르는 달밤 속 반짝이는 은비늘 꽃
하얀 운동화 사뿐거리며, 별 따라가는 밤
은빛 젓가락 반짝이며, 꿈에 저린 내 마음.
바닷가 입구 다다르면, 나의 꿈은 풍선이 된다.

가을 그림자

달 밝은 밤 그는 홀로 바람은 그림자 밟고 걷는다
볏짚 향기 맡으며 걷는다
들판을 산책했나,
쓰러진 허수아비 세우고 왔을까
별이 있는 곳에서 음악 소리 들린다

누군가 바람에게 은빛 망토를 걸친다
나야! 춥지 않니? 아니 아직은 춥지 않은데……
나뭇가지에 매달린 마지막 잎새들의 속삭임
달이 조용히 둘을 부른다
고개를 쳐들고 달빛이 손짓한다.
둘은 달에게 갔다.
이 음악 소리 좀 들어 봐!
음악은 밤 무지개 만들며 이미 멀리 뻗어 있다
잘 들었어 하며 잠깐 머물다 함께 내려왔다.

가을이 생각한다.
이 정도 가지고 바람의 마음 볼 수 없는데
바다를 생각해 봤다.

태양이 그리운 걸까!

이파리들이 아직도 나무에서 재잘거리며 즐기고 있는 건
바람이 좀처럼 움직이지 않기 때문.

바람이 은빛 망토를 별로 좋아하지 않은 듯하다
내가 한번 입어볼까
가을은 망토를 입고 바람 곁을 떠났다.

바람은 생각한다.
그동안 새들에게 당한 고초를 잘 안다.
지난번 내가 그들을 모두 쓰러뜨렸을까?

석양의 다뉴브 강

저 드넓은 강은 푸르고
내 마음 푸른 별처럼 밝았다
루마니아에서 흘렸던 눈물은
마지막 슬픔이 되어 버렸고
태양이 사라지고 어둠이 올 때까지
배고픔을 참는 훈련은 마지막 관문을 통과했지.
그 도시 불빛이 아름다운 음악 소리처럼 반짝일 때
거대한 다리의 조각상 옆 등불이 하나둘씩 켜지고
아무도 내 곁에 없다는 것을 느꼈을 때
성의 창문들은 미지의 꿈처럼 켜지고
암묵지를 썼던 마이클 폴라니는 헝가리에 있을까?
죽었든 살았든 어디에 있겠지.
돌부처처럼 움직이지 않고서도
다리에 켜지는 불빛도 악보에 맞춰 켜지고
음계의 도시는 찬란한 보석처럼 어둠속을 빠져나왔다
음악 소리는 환영에 쌓였고,
리턴콜에도 밤의 언덕처럼 고요하더군.
발걸음 옮기려는데 어둠에 젖어 보이지 않았던
커다란 성 창문이 동시에 불 밝힐 때
그제야 다뉴브 강에 찬연한 빛살을 실어 주더군.

장미의 외출

젊은이 한 쌍이 내 주위를 맴돈다.
나는 최대한 꽃잎을 펼치고 향기를 쏟아 낸다.
남자아이가 내 꽃잎에 코를 대더니
가녀린 손가락 사이로 내 줄기를 더듬고 있다

상처 입은 젊은이는 한 발 뒤로 물러섰지만
눈빛은 점점 더 강해지고
그대 흘리는 작은 핏물을 보고야 말았다
이슬보다 작은 아주 미세한 양일 것이다
내가 그 영혼의 샘물 모두 마시자
손톱깎이를 남자아이에게 들이민다.

젊은이가 섬세하기도 하지,
작은 손톱깎이로 가시 몇 개를 잘라 내더니
줄기까지 침범하고 있다

그들은 나를 들고 어디론가 빠른 걸음으로 간다
장미 없이는 출입이 안 된다는 그 여관, 장미여관이리라.
나는 꽃잎들에게 날개를 펴고 하늘로 날아가기를 속삭였다

나 더 이상 흙 속에 갇혀 있지 않으니
홍등이 드리운 그 초입에 다가서는 그 순간
우리는 모두 빨알간 나비가 되었다
오랜만에 새빨간 외출이 시작되었다

그대도 나도 한 잎의 남김없이
모두 하늘로, 하늘로 사라져 간다.

계절의 끝인 것처럼

— 겨울

눈은 신기하게도 소리 없이 내린다
단지 우리는 눈 내리는 소리를
듣는 귀를 갖지 못했다

한때 나는 사계절 추위 속에 살았다
지금은 그때가 나의 삶의 지혜가 되기도 한다
하얀 눈은 땅에서
솟구쳐 나오는지 모른다

아침에 일어나 세상 하얗게 변하면
깜짝 깜짝 놀랄 때가 있을 뿐이다
눈은 항상 내 가슴에서 녹는다
모두가 차갑기에
가벼운 눈의 무게를
이기지 못한 것들은 내려앉고
때때로 누군가를 가두어 버린다.

바다 위에서

푸른 바다 위에서 무심코 바다를 본다
조용히 가슴 열고 맑은 마음 따스한 계절
열린 가슴 이토록 비어 있었다니
계절은 봄과 여름 사이처럼 순수하다
비어 있는 내 가슴처럼
채워야 할 가슴처럼
뱃고동 소리도 사라진 바다
무엇으로 텅 비어 있는 이 가슴 채울까
싱싱한 바다로 채워 볼까
여름인데도 봄바람의 향기
멀리서 여러 섬들 보인다.
그 사이사이로 작은 배들이 여럿 보인다
나처럼 아무 생각 없이 떠도는 배는 아닐 터
낯익은 섬들을 산책하며 어느새 산봉우리에서
저 바다와 수많은 섬들을 바라본다
내 가슴은 지난 기억 모두 지워버리며
푸른 바다와 섬과 작은 배들로 채워져 간다

별 따러 가자

별 따러 가자
꽃바구니나 소쿠리도 좋다
많이 담을 수 있으면 좋은데
다 함께 손잡고 노래하며
밤 무지개 건너 별 따러 가자

세상 먼지 털고, 귀도 털고
입도 털고 빈 가슴으로 가자
가슴 넓은 사람, 작은 사람
모두 모여 노래하며 별 따러 가자

작은 별을 따야 한다
별 따서 무거우면 달에서 쉬었다 오자
밤 무지개 다리 밑으로 별들의 그림자 보인다

"잠깐" 울음소리 들리지
소녀 하나 훌쩍이기 시작한다
모여 있는 사람 모두가 다 알고 있다
소녀는 아빠가 별이 되지 못했을 거라

얘기했다 한다

소녀는 갑자기 밤 무지개 다리로 달린다
강물은 별빛들의 그림자로 매우 화려하다
소녀는 강물 속으로 뛰어들었다
강물 속 별 그림자들이 소녀를 감싼다.

별들은 내 발걸음 함께하며

밤이면 내 작은 가슴에 별이 있었습니다
밤이면 마음 활짝 꽃피어 있었습니다
밤이면 별들은 머리 위에서
내 눈을 비추었습니다
별들은 온통
나를 감싸버렸습니다
눈을 감으면
낮에 봤던 코스모스
한 송이 활짝 웃습니다
나 혼자뿐이라며 걷고 있을 때
어디선가 짙은 향기 날아옵니다
바다가 있어도 산을 넘어야 합니다
푸른 바다 보면 작은 배 타고
끝없이 가고 싶습니다
세월 흘러 변한 게 없었지만
사랑의 낱말 들었을 무렵
눈물은 변한 게 없고
이별이 나에게 찾아왔을 때
별들도 함께 왔습니다

누군가 떠나 마음 허전해도
가슴에 별들이 함께 했습니다
내 마음은 진실과 사랑으로 채워지고
별들이 내려와
내 발걸음과 함께 하고 있습니다.

별이 비워 둔 곳을 향해

모든 사람은 그리움이 있습니다
꿈속의 천상에 들려오는 노래처럼
우리 모두의 마음엔 꿈이 있습니다

세상에 발 내딛는 느낌 받았을 때
하늘에서 커다란 별 하나 자리를 비우며
우리의 얼굴 위로 보석 가루처럼 뿌렸지요

길이 보이도록 천사는 골고루 빛을 뿌립니다
귀엽게 보일 수 있었던 빛은 어두워지고
내 꿈이 걷고 길이 거칠어질 때

나는 무릎을 꿇고 기도합니다, 길을 걷게 해 달라고
기도는 내 마음에서 끝나지 않고
현실은 변하지 않고 빛은 똑같이 변했습니다

길이 보이기 시작하고 나는 떠나야 합니다
아무도 나를 도울 수 없고 거친 길을 걷습니다
내 마음의 꿈은 현실에 나와 있고

현실은 내 발밑에 거친 길 걷는 발걸음
꿈길이 아님을 느끼며 내가 스스로 마쳐야
별이 비워 둔 자리에 앉아 세상 함께할 텐데.

수박

아내가 나에게 올 때 가슴에 여물지 않은
수박 두 개 달고 왔었다네
탐스럽지도, 향기도 없는 수박 줄기째 끌고 왔었네
내가 제일 좋아하는 과일은 씨 없는 빨간 수박인데
수박한테 눈길 한 번 주지 않았었지
저게 익을까 하다 가위로 줄기 잘라 버렸네
모든 식물은 줄기타고 수분 공급받고 크는데
아내 할 말 잃고 시들어 가는 줄기 바라보고 있었네
수박이 줄기를 키워 주나, 씨부렁대었지
무슨 비밀 있는 것 같은 궁금증 이기지 못하고
시골 수박 농장으로 달려갔었지
수박 보이지 않고 줄기조차 볼 수 없었네
올해는 수박 농사 때려치웠다는 둥
나에게 화풀이하는 모습들 더욱 수상해
잘려나간 수박 줄기 땅에 심고
물 뿌려 주니 잘도 자라데.

가을의 문

가슴에 찬 응어리를 감당할 수 없어
낙엽이 쌓인 숲속으로 발길을 옮긴다
나는 문득 단풍나무에 기대어
곁가지가 되어 있었다.
내 마음에 문을 열고
응어리진 내 가슴을 내보였다
하얀 살결에서 내 응어리는
숲속을 향해 들어갈수록
조각조각 흩어지고
술 익는 낙엽 향기가 내 가슴에 차오르고

나는 웃옷을 벗어들고
하얀 젖가슴을 드러낸 채
영원히 숲속으로
낙엽이 흙이 돼 버린 숲속으로
나도 낙엽이 되어, 흙이 되어
가을이라는 숲속으로 걸어 들어간다.

창문을 열고

뜨거운 태양이 열린 창문으로 훌쩍 사라졌다
따뜻한 봄바람도 함께 문밖에 서성이고
서늘한 바람도 열린 창문 사이로 창백하게 들어온다

가끔 귀찮도록 지나는 열차 소리 산만하고
내일 무슨 일이 어떻게 진행될지 궁금하기보다
약속은 되어 있어 어쩌다 생각나면 가슴 두근거리는 소리

이럴 땐 아련한 음악 소리 나에겐 약이 된다
전화로 대강 약속 장소는 정했다
정직하게 모든 걸 거짓 없이 고백했다

죄를 지은 건 아니고 불법일지 모르나 꺼림칙한 게
오늘밤 잠들기는 포기했다 열린 창문으로
고적스런 바람이라도 들어왔으면 싶다

잔잔하게 울려 퍼지는 음악 소리 가슴에서 맴도는데
웬일일까? 이렇게 빠른 걸음으로 다가오는
고요한 발걸음 소리 매우 어둡다.

소라의 눈물

뜨거운 태양, 내리쬐는 바람 한 점 없는 해변가
목마른 소라 한 마리 땀 뻘뻘 흘리며
푸른 바다 향해 힘겨운 걸음걸이 걷습니다

푸른 초원의 꽃 구경하려다
바다에서 너무 멀리 벗어났습니다
소녀처럼 가녀린 소라는 상처 입히며 힘겨워합니다
태양열은 쉬지 않고 내리쬐는데

지친 듯한 소라는 슬픔 속에 목마름 더해 가고
빠른 걸음걸이 할 수 없어 모래 속에 지친 걸음 내맡깁니다
뜨거운 모래는 소라의 목마름 더해 가고

한 떼의 아이들 재잘거리며 다가오는데
목마른 소라는 눈물 흘립니다, 말라가는 속살에서 흐릅니다
재잘거리는 아이들은 소라 근처에서 무언가 찾는 듯한데.

촛불

나는 검은 죄수다 그리고 사형수이기도 하지
빛처럼 보이는 밝은 것만 좇다 나를 망쳤어
차가운 불빛도 열이 강했지, 태양처럼 말이야
흔적을 남기지 말았어야 푸른 하늘을 볼 것을
어둠속을 헤매다 보니 앞을 보지 못하고,
그저 반딧불이라도 잡아 호박꽃에 넣어야 하는데
세상 모든 것에게 뒤집어씌우려 했지만
내 몸에서 나는 악취를 깜박했었어
쉿물을 마시고 하늘을 보면 너울너울 몇 자락
구름 되어 찢기며 흘러갈까, 어둠속을 헤매다가
기적처럼 제 몸 다 태워 가는 촛불을 보았지
움직이는 눈동자에도 꺼질 것 같았지만
두 손으로 감싸고 흐름을 멈추어 가던
내 몸의 핏줄들이
깊은 잠 속에 나를 가두고 흘러
녹아 있던 촛농까지 태우고
마지막 심지까지 타 버렸는지 티끌 하나 없이 사라졌더군
마음의 어둠이 가시고 봄날 바람처럼 향기가 신선했지
무릎 꿇고 기도할 때 통곡 소리는 끝맺음을 모르고……

제3부
붉은 십자가

가시꽃 소리

가시꽃들 심장 근처에
알 수 없이 횡설수설
누군가 부르는 소리 모두 모여 들었다
날카로운 가시들의 웃음소리

미쳤구나!
가슴 곁에 서성이는 외마디 침묵
그러다가 느닷없이 두려움에 떨며
심장 박동 빨라지기 시작한다

모든 세포 긴장하며 흐르는 땀
초록색 가느다란 이파리 하나
어디로 들어왔을까
땀 구멍 사이인가?
풀잎 심장에 붙을 때 심장 소리 멎었네

가시들 심장 멈추면 나갈 길 몰라
서로 나가려다 부서지며 나갔다
핏속으로 심장 소리 또 다시 움직이며
온종일 태양은 가시꽃 태우고 있네.

과일 도매상에서

잘생긴 수박 한 덩이가 밖을 노려보고 있다
뜨거운 비닐하우스에서 죽을 뻔했다
누군가 내 줄기를 따더니 야! 이놈 잘생겼네, 둥글둥글

빨리 밖으로 나갔으면 좋겠다, 더워 미치겠다
또 다른 사람이 나를 들어올리며 야! 이놈 되게 크고
잘생겼는데, 보는 눈은 있어서

그들은 조심스럽게 짚신 깔린 바닥에 놓았다
지나가는 사람마다 야! 이놈 잘 생겼네, 한마디한다
그때 조그만 아이가 나타났다 지 아비를 따라왔나 보다

녀석이 나를 이리저리 쓰다듬어 본다
그러나 짚신 밖으로 내다 굴리지 않는다
그때야 누군가 큰소리친다

애가 놀라서 나를 살짝 밀어 버린다. 짚신 밖으로
굴러가는데 사람들이 여기저기서 수박 잡아라 외치고 있었다
나는 내리막길을 잘도 굴러가고 있었다

수많은 사람들이 나 하나 잡지 못한다
그때 젊은 놈이 쏜살같이 달려오더니
바로 잡는가 싶더니 참외 부스러기에 미끄러져 버린다

나는 열심히 누군가 나를 기다리고 있다
쏜살같이 잡으러 달려오더니 나를 잡았다 싶더니
참외 부스러기 미끄러진 데로 기다리는 사람이 요놈 잡았다 하고
나를 쏘아보고 있는데 미끄러져 푹 땅으로 떨어져 버린다

조용하게 깨지는 소리 퍽, 그때 주인 놈이 달려오더니 오매, 망해 버렸네
젊은 애가 한 조각 주워 먹으려 했더니 주인 놈이 모두 다 짓밟아 버린다
시원했다. 빨간 살 조각 키우려고 몸부림치더니.

광어 생각

창문 밖 나무들이 온통 황금색으로 변했다
차마 눈이 부실 정도였다
여자 친구에게 전화를 한다
부서지는 소리가 들린다
이 정도에 부서지다니
그녀는 가까운 바닷가로 가자고 할 것이다
그리고 광어회를 시키겠지
제일 좋은 자연산으로
미친년! 광어에 미쳤어
다른 남자는 부잣집 그놈일 거야
두고 보자, 그는 전화를 들었다
하필이면 그때 밖에서 노크 소리가 난다
문을 열었더니
그녀가 서 있었다.
왜 전화했어? 왜 안 받아?
요즘은 돈 나오잖아, 아!

피곤해 하며 그녀가 침대에 벌렁 눕는다
그런데 치마가 너무 올라갔다

그대로 둔다
전화기를 쓰레기통에 던져 넣었다
더 좋은 것 사지 뭐, 하면서
침대 곁으로 오니 피곤하다
나도 누워야 하나
누웠다, 조용하다, 치마도 안 내린다
하얗고 부드럽게 생겼다
코 고는 소리가 방안을 울린다
나는 속이 훤히 들여다보이는
하얀 천의 이불을 덮어 주었다.

떨리는 손

손이 떨린다.
내가 살아 있음이다

떨리는 손을 가슴에 대어 보았다
손 떨림은 마음으로 내려놓는다

떨림과 떨림이 부딪힌다
나는 아무 소리도 듣지 못했다

손의 떨림은 두려움이었고
가슴의 떨림은 살아 있음이다

난 사랑이라는 말을 할 줄 모른다
어디에 가서 이 말들을 풀어내야 하나

떨리는 손으로 얘기해 볼까?
가슴의 떨림을 만지게 할까?

한 떼의 새들이 날아간다

암팡지게 떨리는 가슴으로 날아간다

떨리는 손으로 너의 손을 잡았다
너의 손이 떨려온다.

이별해야 하는데

내 곁을 떠나버린 슬픈 그대여
이젠 다시는 당신을 기다리지 않기로 했소
그대가 남기고 간 소리 없는 미소들이
여기저기서 나를 향하여 웃는 듯하여
마음이 이토록 괴로운지 모르겠소
당신이 어디쯤에서 무얼 하고 있는지 생각하고 있지만
당신 모습은 안개 속에 가려져 있고
세월이 흐를수록 안타깝기 그지없다오.

다시는 당신을 기다리지 않더라도
이 세상 어딘가에 있는 줄 우린 안다 해도
나는 당신을 찾을 수 없게 되었소
당신이 슬픔을 남기고
어디론가 떠나갈 때
내 마음 또한 당신에게서 슬픈 표정을 하고
멀리 떠나 있기 때문이오

여태껏 당신이 항상 즐거운 마음으로
살기를 기도해 왔으나 이제 그것마저 할 수 없으니

우린 이별이라는 낱말을 쓸 수밖에 없었소
당신이 남기고 간 흔적들은 여기저기서 사라지고
나는 다시금 이별의 슬픔을 느끼지 않기 위해
나 자신도 여기서 떠난 지 오래되었다오.

그는 고독을 감추려 웃는다

평생 한 여인만을 사랑하며 살았다
영혼은 나를 속이고 다른 여인들을 감췄다
차가운 내 가슴은 온몸으로 도는 피들을 경직시킨다

그래도 고독은 내 살의 일부분과 영혼을 차지했다
감추기 위하여 웃는 나의 미소는 차갑다
마음과 미소는 차가운 내 가슴에서 나오는 피다

누군가 내 가슴 일부를 파고들어 피를 덥히고
내가 그들의 노랫소리에 눈물 흘릴 수 있는 이유다
그들은 행동이 달라도 노랫소리는 한 목소리를 낸다

내가 모두 고독하다는 것을 눈치챈 동기다
고독이 슬퍼 밀어내면서 떠나려면 붙잡는다
평생 그들의 미소는 따뜻하게 보이고 정겨웠다

그러면서 자유롭게 사랑하는 모습이 화난다
영혼은 비켜서고 조각난 부품 하나 쥐고 모두 잘산다
슬퍼도 눈물은 가슴속에서 흘리게 하며 웃는다.

잃어버린 기억

내 마음은 어중이떠중이
어느 나뭇가지에 앉아 있는지 모르겠네
비 내리는데
잘 마르고 곱슬곱슬 솜털, 젖지 않게 하여
넓은 핏빛 칸나 꽃잎 밑에 털 부풀리고 있나 보자

잎이 없어 바람의 놀이터인 나뭇가지 사이에서
바람에 날려 버린 둥지, 보이지 않아도 바람에
시큼한 작은 눈은 껌벅거리지도 않고
홀로 있음을 견디지 못하고 나 태어났던
살구나무집 마당을 그리워하는지, 가슴 아파하는지

어느 작은 절 돌부처 앞에 지쳐 누워 있을까
빨간 밤 십자가에 앉아 작은 새알들의 숫자를
기억해 보는 걸까 며칠 사이 소리 없이 빠져 버린
가슴살을 감추고 어느 날처럼 나무 주위를 맴돌다
나무에 부딪쳤을까 마른 날 나무뿌리 올라오듯
바람의 놀이터 뿌리에서 작은 뿌리처럼 솟아 있네.

아무도 없었네

칼바람이 내 주위를 맴돌자
모두 내 곁을 떠났어
놀이터 그네에 앉아 하늘을 보니
저 멀리 보이는, 떠나가는 사람들

저건, 따스한 고장 장미원으로 가는 모습이야
근데, 서서히 가는듯하더니 모두 사라져 버렸어

바람조차 흰 구름 따라 움직이고
새들도 구름을 몰고 어디로 가는 듯한데
작은 그네의 내 의자는 움직일 줄 몰라

태양은 서서히 몸 감추고
실낱처럼 몰려오는 어스름 피해
나 낡은 침대에 엎드려 버렸어

누군가 방문이라도 두드려 줬으면,
아니 먼먼 이국땅에서 전화벨 울려줄 이는
그 누구도 없을 거야

차라리 어둠 속 걷다 타향에 가볼까

소리, 소리가 들리면 반가워지겠지
바스락, 바스락 되돌아오는 나뭇잎 소리
30촉 알전등 켜고 나 있는 곳 알려야지.

메마른 오후

습관처럼 밖을 내다본다
아무도 보이지 않는 쓸쓸한 오후

밖을 바라보는 모습이
맘에 들지 않는다

전화벨도 울리지 않는 오후
어제도 마찬가지였다

머리는 빠져가고
기억도 함께 딸려 나온다

승진되면 모두 바쁘나 보다
은퇴하면 실컷 놀자한 녀석

기력이나 남아 있을까
음악이 흐른다

연두색 새 한 마리
간신히 나무 끝에 앉는다.

미소는 눈으로

창백한 너의 얼굴, 미소는 눈으로
바람 부는 갈대밭 사잇길로
그렇게 젊음을 탕진하고 또 탕진하고
아무도 기다려 주지 않았다

나는 아무도 유혹하지 못하게 됐다
바람 부는 갈대밭 사잇길을 걷는 이유다
갈대밭 사잇길이 그렇게 젖어 있었다

창백한 너의 얼굴, 미소는 눈으로
갈대밭 사잇길이 처음부터 젖어 있지 않았다
그렇게 나를 유혹했었지
파랑새들은 품고 있는 알 지키기 위해
무서운 눈으로 나를 보았지. 그것은 미소였어
하마터면 너를 밟을 뻔했지만
젖은 너의 눈가에 이슬도 보았지

쓰러진 갈대는 바람 때문이 아니고
너무 오랜 시간 젖어 있다가 변을 당했어.

가시꽃 그녀의 행로

그녀가 홀로 그 섬에 갔을 때
꽃 한 송이 가졌지
가녀린 그녀 손에
바다가 울고 있다

파도 소리처럼
그녀는 울음을 터트리고
파도는 몸부림치듯
다리 끝에서 울고 있다

가로등 하나 서 있을 뿐
세상엔 아무도 없었다
오직 그녀뿐
그때 그 자유스럽던 밤에
조용히 흐르는 눈물
은사시나무 가지 하나
그녀 날 보면 그저 울고
두 손 올려 눈물 닦으며
미소 짓던 얼굴아
가시꽃 그녀의 행로.

고독

똑바로 서서 걸어간다
사람과 사람 사이를 걸으면
사람들이 보고 싶다
세상을 느끼고 싶다
내 마음 안타까워해도
이것들은 나를 피한다
나를 지탱하고 있었던 뼈 조각들
모두 주고 싶다
필요한 사람들에게
고독을 벗어나는 유일한 길
수없이 생각하고
심장 소리 들을 수 있고
앞을 볼 수 있어 죽음보다 싫다
나를 지탱해 주는 건 무얼까
내 영혼이 네 주위를 맴도는 한
터져 나오는 폭음 소리
내 마음의 피난처.

열반

그녀만이 알고 있는 아름다운 가을 숲이 있었어
수북이 쌓인 황금물결 나뭇잎들은
그녀가 가슴을 열고 올 때까지 아무도 들어오지 못했지

기다란 길을 따라 들어가면 그 끝에 숲이 나오지만
웃옷을 모두 벗어 던지고 가을 무당처럼
그녀의 굿판이 끝날 때까지 기다린다

개울가에 흐르는 낙엽을 바라보며 오직
그녀만을 기다리고 있었지 가을은 모두
그녀를 위하여 비밀의 숲은 동물들의 발자국과
그녀 외에 들어가 본 사람이 아무도 없었지

어둠이 내려와도 가을빛은 찬란히 빛났고
일 년 동안 가슴에 쌓여 있던 그 가슴을 태우면
그녀가 어둠이 아닌 찬란한 태양 속으로 들어가는 모습이
차마 마지막이 될 줄은 몰랐어

산더미처럼 쌓여 있는 황금 낙엽의 나무들도

바싹 말라 있었는데 가슴만 열고 들어갔던 그녀
쌓인 낙엽 속에서 알몸이 된 그녀는
제 육신과 영혼을 모두 태우고 영원히 나오질 않았지

마지막 가을 속에서 가슴에 쌓인 것이
무엇이었는지 모르지만 행복했을 그녀라고,
나는 생각할 수밖에 없었지.

새롭게 태어나는 것

이 세상 모든 것들은
살아 생동하고
죽어 있는 것들은
불에 태워져
사라지는 듯하지만

내가 죽으면
흙이 되어 꽃을 피우고
세상 모든 것들을
아름답게 치장하게 될 텐데.

죽음도 삶이 될 수 있다는 것을
어렴풋이 깨달을 때
죽음을 두려워하며
살아 있는 모든 것들은

세상 끝까지 함께하려는
사랑스런 그들도
낙엽을 끌어모아

불쏘시개를 만들어
따뜻한 온돌에서 영원히
사랑하며 살더라고.

붉은 십자가

무슨 하고픈 말이 그리도 많았을까요?
가을이 지나가는 모습 못 보셨나 봐요
바람 불러 뒤따라가면 어떨까요?
하고 싶은 말이 많았는데
내 얘길 듣고 떠나야 했는데
혹시, 잠깐이라도 되돌아오지 않을까요
되돌아오지 못함은 아쉬움이었을까?
밤길 걷다 보면 피로 물든 십자가
제일 큰 십자가가 되고 싶어요
무엇을 의미하는지 나는 몰라
바람도 어쩌지 못하고 이리저리 방황하잖아요
차라리 날 작은 배에 마른 잎과 함께 실어 띄워 주세요
그리고 불을 붙여 주세요 잠깐이라도
강물에 띄워 주세요 바람 불어오겠지요
이미 보이지 않을 만큼 사라졌으니
가을이 떠났다는 얘기를 들으니 편지라도 써야겠어요
그런데 걸어가던 그 모습 어떻게 생겼던가요
허전한 이곳 견딜 수 없으니
바람아, 나를 떠나게 도와주게나

어디로 가든지 새로운 세계, 강물 위에 띄워 줘
마른 잎에 불을 붙여 줘, 빨간 십자가처럼
당황하고 있나요! 저는 절대 당황하지 않는데.

그 사람이 나에게 말하였다

나에게 뜻 모를 욕설을 퍼부어도
나는 이상하리만큼 반갑게 듣는다

침묵하면 할수록 건네오는 말
그 사람이 하는 이야기는 쉬지 않고
나는 다른 생각하고 있다

그가 무슨 말을 하였는지
기억하지 못한다

내가 얘기하면 얘기가 서로 엉켜
나는 바보 같은 사람
누군가 철학자라면
둘 중 하나는 맞는 말

나는 좋은 사람도 바보도 아니다
어디서 그렇게 알맞은 말을 찾았을까
이불을 올려 얼굴을 가린다.

뭉크의 비명

두 손 뺨에 대고 공포의 푸른 얼굴
무슨 모습을 보고 있었을까, 그 여인.

풍선 위에 둥글게 살아가던 사람들
조용하게 탱자 가시나무 위로
내려앉기 직전이었을까
공황 상태의 거리
고흐는 여인 앞에 무엇을 보여 주었나

별들이 내려앉은 모습이었을까
마음이 타고 있었을까

잠결에 젖은 목덜미, 흐르는 식은땀.
내 몸 젖어 있고 세상 젖어가는 모습이었나
번쩍이며 고흐를 찾은 나의 마음.

삶과 죽음

인간의 수명을 85세로 읽었다
10년이 부풀려 있지만
배가 고프고 목이 말라
무엇이든 먹고 싶고 아쉽다

이 귀중한 새벽에 그냥 지날 수 없다
시계 초침 돌아가는 소리
그뿐이다
나의 숨소리는 뺀다
중요하지 않으므로

나는 세상을 향해
무릎을 꿇는다
뭔가를 해야 하는데 한 게 없다
회개한다면 조금 나아질까

죽으면 회개될까
나더러 염세주의자라 한다
관 속에 누워 있는 사람과

내가 무엇이 다르냐고 했었다
죽음과 삶이 얼마나 크게 다를까.

지워진 이름

메마른 땅에 피어 있는 민들레입니다.
길 찾아 헤매며 가시밭길 피 흘리며 걸었어요

거리의 쓰레기가 된다면
안개 속에 서 있는 듯 흐릿합니다

미움을 사랑이라 생각하겠습니다
피 흘리며 걸었지만 미움 없이 걸었지요

누구도 이해할 수 없는 아픔이었습니다
그래도 인내하며 가시밭 걸었습니다

아무도 미워하지 않습니다, 부모님의 갈라섬도
누군가 꽃을 짓밟아 버린다 한들

내년이면 또 피어오르겠지요
영원히 꽃을 밟아도 피어오릅니다

그러면서 세상 사람들을 사랑하겠습니다

제4부

사막에 피어 있는 장미꽃 한 송이

살아 있는 것은 순간인 것을

부스러져 있는 내 마음
누군가 활짝 핀 장미꽃을 짓이겨 놓는 것처럼
내 마음 누군가 짓이겨 놓았다
장미는 슬픈 마음이 아니다 그들을 잘 알기에

슬픔은 세상에 없다 누군가 죽어도 흉내만 낼 뿐
기쁜 마음도 얼마 가지 못한다 누군가 짓이겨 놓는다
감정을 가지고 세상 살 필요 없다
하던 일 똑같이 반복되므로

누군가는 우리를 슬픈 죽음을 향해 달려가고 있다 했다
하나마나한 소리, 슬픔은 없다
활짝 핀 장미꽃처럼 무엇이든 기쁨이 오면 짓이겨 놓는다
그들에게는 기쁨이 없다, 고통이 있을 뿐

장미도 잘 안다, 피어 있는 기간이 얼마 되지 않다는 것을
짓이겨 놓든 꺾어 가든 죽음은 순간이다
여태 살아온 삶 기억에 남아 있을지언정
의미 있는 건 없다, 갈수록 짓이겨진다.

여왕벌

여왕벌의 독침에
가슴은 허물어지기 시작하고
그들의 에너지가 되었던
꿀은 바닥을 보이기 시작한다
욕심이 화근이었다

사랑을 잃고 술 취한 채
길거리에 쓰러져 신음하는
내 모습을 보면서
빗줄기 심하게 내릴 때 나는 더욱 신음하고
외로움을 달래고
지독한 고독을 견뎌야 했다

사람은 사람 사는 곳으로
가서 살아야 될 것을
무언가가 아쉬워도
세상 규칙대로 살아야 되는 것을
작은 것 하나라도
하늘과 땅의 은혜로 알고
살아가야 되는 줄 모르고

여인이 그립다고
여왕벌을 키웠던 나는
죽어 있는 스스로를 못내 한탄한다.

회항

무슨 연유일까
심한 파도를 예상하고 출항했는데
생각했던 만큼 파도도 요동치는데
한 번도 되돌아서는 모습을 보지 못했고
이보다 더 심한 파도에도
꿈쩍도 하지 않았었는데
무슨 연유일까
갑판에 서 있던 사람들
모두 선실 안으로 모여 앉아 침묵하며
바람이 조금 더 불어올 뿐
맑은 하늘에 구름 한 점 찾을 길 없는데
선장의 마음을 알 수 없네
무슨 연유로 회항하는 걸까
단 한 번도 되돌아서는
모습을 본 적이 없었는데
뱃머리에 앉아 있는 갈매기 하나
어느 망망대해에서 그는 왔을까
제 몸을 스치듯 가깝게 다가서도
눈동자는 한 곳을 향하고 있네
푸르디푸른 바다는

더욱 푸르게 변하는데
죽음의 사투를 벌이면서
결국 부둣가에 배를 대었던 사람
회항을 하거나 목적지에 닿는 시간과
그 시간 중심에서
선장은 뱃길을 피하고
무인도로 키를 돌리고 있었다
무인도에 점점 가까워질수록
바닷가 모래사장 저편
두 사람이 연신 손 흔들어 대는 모습을 보며
선장은 회항하고 있는 것
그것이 아닌가
뱃머리는 무인도로 향하고 있었네.

푸른 강

마을 가운데를 커다랗게 가르고 흐르던 푸른 강
어젯밤 꾸었던 나의 꿈처럼
세상 변해 가자 강물 소리도 변해 가고

나도 무언가 손에 들고 있는 그 무엇이
내 꿈을 그려 내며 이슬비 내리기 시작하자
어디서 나타났을까 솔개 한 마리 조용히 구름 낀 하늘로 오르고

강물 위로 떨어지는 굵어 가는 빗방울들의 변해 버린 강물
푸른 색은 변하여 나의 꿈처럼 잊혀진 날의 그리움
풀섶에 누워 강물들의 속삭임에 속상하였을까

보이지 않는 솔개가 만든 구름의 아름다운 모습
잊혀진 날들이 쌓이기 시작하고
대문도 담벽도 없는 산장 같은 집들은

언젠가부터 하늘을 타고 오르며 도시라는
이름표를 내놓더군

동과 서처럼 남북의 경계가 푸른 강이었는데

잃어버린 길이 여기저기 몇 자락씩 깔리고
민들레와 코스모스, 장미 옆에서 불만 없이 자라고
목마른 초원의 푸른 강의 그리움은 목이 탔나 보다

비 내리는 날 목이 타는 것은 목마름도 굶주림도 아닌데
강물은 다시 파랗게 흐르며
마을을 가르고 또 갈라도 강을 잇는 다리들의
휘청거리는 날의 불안함 속에서 여유 있게 서 있다.

사람

고즈넉한 저녁이 벌써 와 있다
생명을 내놨으니
어둠을 뚫고 누군가 오리라
영리한 아이였다
인생이 물맛이라는 것 알고
비상 탈출구로 죽음을 선택했다

세상에 머무를 사람은 따로 있었다
나처럼 게으른 사람은
함께할 수 없다
모든 사람들이 나이를 감추는 것은
그 사람 마음에 불타는
정열이 있기 때문이다

끊임없이 솟아오르는 석유로
세상 불빛은 도무지 꺼질 줄 모른다
젊음과 죽음 중 하나를 주시오
둘 중 아무것이나 주시오.
죽을 때가 됐는데 생명을 가져가시오

파아란 하늘을 보면 땅을 봐야 한다
논에 가서 메뚜기 잡아
술안주로 해 보시오
세상에 있을 땐 부끄럽게 살지 말라 하더군
하고 싶은 모든 것, 모두 해 보라는 뜻이겠지.

하늘의 모든 것

— 욕망

나의 모든 것 하늘에 감춰 놓았다
마음도 비우고 몸도 비웠다
언제부터였느냐! 물어오신다면
욕심 같아선 태어난 직후부터였다 얘기할 수 있다면
그리고 진심이었다면 얼마나 좋을까
자신을 알고부터 안갯속 그림자처럼
태양이 모든 것 드러내게 한 다음
옷 입은 채 얼음물 속에서 살아야겠다는 마음이
솟구쳐 오를 때 알몸이 되어
모닥불 옆에서 부들부들 떨고 있을 때
누군가 커다란 외투를 내 몸에 감싸 주며
정신이 드십니까? 하는 소리를 듣고 정신을 잃었어
병원 중환자실에서 가까스로 눈을 뜨고 하늘을 찾았지
그때부터라고 말할 수 없는 건
나의 욕망이 무언지조차 알 수 없을 때
욕망이 마음속에서 그나마 게으름 때문에
건강을 잃고 아무것도 할 수 없었을 때
그때부터였다고 가정한다면 죄인 되겠지
하늘 열고 고개만 넣고 나를 찾으려다
그때부터 세상에 있는 건 아무것도 볼 수 없었어
두려움도 욕망을 건너뛰지 못했어.

삶에게

낮술에 취해서
세상을 한바탕 한탄한들
네 뜻을 알아줄 수 있는
세상이더냐
술 취하지 말고
소처럼 부지런히 일해서
밥이나 먹으면
그걸로 만족해야지
세상 그 어떤 것도
달라지기를 바라지 마라
하늘을 향해
냅다 소리지르면
조금씩 마음이
가라앉지 않겠니
계절이 바뀌면
바뀌는 만큼 좋아하고
그저 허허거리며 사는 게
우리네 인생이 아니겠느냐.

그만 울자

이렇게 갑자기 비가 쏟아져도
이젠 울지 말아야지
마음이 외롭고 또 외로워도 그만 울자.
눈물도, 흘릴 눈물도 한 방울 없으면서
어떻게 울려고
아니 울고 싶어서 그런 건 아니지
울고 싶지 않다, 그래 울고 싶지 않아야지
울지 말아야지 울지도 못하면서
기억할 수 없어 너무 오래 전
내 눈물샘은 메말라 버린 줄 알면서
울고 싶다, 울고 싶다.
피라도 쏟아내며 울고 싶다.
갑자기 비가 내리고
천둥소리가 굉음으로 변해도
그렇게도 울고 싶다면
두 줄기에 핏줄을 허물어서라도
마음은 그냥 울게 하자.

나는 바람인데

내 모습 보이지 않아 안타까운 마음
수없이 거울 앞을 스쳐도 꽃 그림 액자 한 개

영원히 바람이고 싶어했던 영혼
나 태어났던 곳 방황하며

소년은 걷고 또 걸어 밤이 이슥할 때처럼
누군가 내 이름 크게 불러 주길 바랐는데

당황하며 짙은 어둠속의 두려웠던 때
심장 소리 점점 작은 새 울음소리 들었지
항변할 수 없었던 세상

반항할 수 없었던 수많은 거친 손
그래 바람 되고 싶어 불에 태울 수 없음 알았지

갈대 뿌리까지 누워 버린 그 분노 위하여
나 바람인데 밤마다 뒤편에 울부짖던 대나무 숲

한 줌 재가 되고 물이 되어 바다 위에 있는 나
너를 보고 싶어 햇볕에 몸 말리고 가볍게 가겠네.

보리 소년

그윽한 보리 향, 들이키며
낫으로 남의 보리 잘라
구워 먹던 오후
반쯤 숨어 보는 해를 원망하며
빨리 없어지라며, 사라지라며
넘어가라 했던, 마음속 외침들
그러다가 반쯤 산에서 얼굴 내보이던 해가
넘어가는 모습 보았다
타는 보리 냄새 향그러워
파란 보리 나락을
불속에 집어넣는다
나도 모르는 사이 푸른 보리밭
가운데까지 달려와 버렸다
쓰러진 보리들은 서서히 일어서고
소년은 보리처럼 웃었다
아직 구워 먹을 수 없는 보리
보리 가시들은 웃는 소년을 보며
헤쳐나갈 길 생각한다
세상은 어두워지고 나가야 할 길 생각하며
생각할수록 넓어져만 가는 보리밭

소년은 결국 소리 없이 운다
별처럼 울었다 엄마 아빠 보고 싶어
달과 별 하나는 외롭게
소년의 머리 위에서 바라보며 어둠을 밝힌다
소년은 눈물 흘리며 지쳐 보리밭에 잠들었다
보리들은 쓰러지고 날카로운 가시는
잠든 소년을 바라보며 이슬 먹는다
어두워져 가는 밤, 별들이 소년을 깨웠다
소년은 일어서고 보리들이 옆으로
비켜 주는 대로 걸었다
소년의 울음은 그칠 줄 모른다.

그때처럼 울고 싶다

비바람이 몰아치면
그때처럼 울고 싶다
옷을 적시고 추워지면
가로수 밑에서
쓰러져 눕고 싶다

비바람이 몰아치면
밤마다 유령 되어
근처 산을 향하여 헤맸듯
욕심 없는 울음으로 울고 싶다

나를 울렸던 그 무엇이든
원망해도
사라지지 않아
모든 것 잊게 해달라고
그렇게 생각하며
가만히 누워 있고 싶다.

강물 위에 띄워 줘

하고픈 말이 그리도 많았을까
바람 따라 떠나면 될 것을
되돌아오지 못해 아쉬운가
밤길 걷다 보면 피에 적신 십자가
무엇을 의미하는지 나는 몰라
바람도 어쩌지 못하고 방황하는데
차라리 날 마른 잎에 쌓아
강물에 흘려 보내 주오
이미 보이지 않을 만큼 사라졌으니
이 가을 넘기지 말고 모두 써 놨으니
나를 떠나게 도와주게나 바람
어디로 가든 새로운 세계
강물 위에 띄워 줘.

내 집에 가고 싶다

말라비틀어진 가슴, 가고 싶음이다

머릿속엔 한 가지, 집에 가고픔이다

갈 수 없는 집, 입이 바싹바싹 타오른다

바다처럼 넓은 가슴을 펴 보았다

별들에게 물었다, 듣는 척도 않는다

태양은 나에게 더 뜨겁게 내려 비출 뿐

차라리 심장이 멈췄으면 하는 마음이다

잔디밭에 누워 있으면 양쪽으로 흐르는 눈물

눈앞에 아른거리는 나의 집.

죽음이 날 찾아오면

난 반갑게 맞이하겠네
그를 따라 나서고 싶네
옳고 잘못된 것 모르는 사람 없었어
나 이제 변명 그만하고 싶어
아픈 몸에 대해 많은 사람들 내게 조언했지만
한 번도 실행해 본 적 없어
그리고 할 수도 없어
죽음이 날 찾아와 어디로 데려갈까
내 스스로 죽고 싶지 않은 마음인데
죽음이 찾아오면 아무도 반항할 수 없지
난 모든 것 할 수 없고 포기했어
새롭고 아름답게 살아야겠어
영원히 살아야겠어.

양지를 찾아서

처음으로 흙을 먹어봤다
황토와 돌멩이로 담을 쌓아 놓은 집
허옇게 생긴 도시 놈이 시골에 살면서
배고픔은 경험해 보지 못했는데 추운 겨울날
구름은 이곳저곳 바람 따라 움직이듯
음지와 양지는 배고파도 따뜻한 곳을 향하여
구름이 가려지지 않는 곳을 향하여
쏜살같이 달려갔다 따뜻한 햇볕을 받기 위하여
나는 녀석들의 뒤꽁무니를 따라다녔다
경험 많은 애들은 바람과 구름 따라
태양 빛을 가릴 줄 정확히 예견했다
남향으로 방향을 하고 지어진 토담
따뜻한 햇볕이 머무는 시간 오래인 줄 알고
돌과 돌 사이에 있는 흙을 파헤치기 시작한다
밀가루 같은 분말이 나오면 서로 나눠 먹는다
나도 먹어야 했다
그리고 열심히 양지를 찾아
나는 맨 뒤꽁무니에서 안절부절못하며
그들을 따라다녔다 그렇게 겨울을 지냈다
학교에 다녀야 하는데 무책임한 사람들

나는 방치 당하고 긴긴 겨울을 보내야 했다
그해 겨울은 눈 내리는 날이 적었나 보다
애들이 시키는 대로 높낮이 구분할 수 없는 길
그해 겨울 참으로 많이 달려 다녔다.

나, 솔개 되어

석양 빛 받으며 솔개 되어 하늘 날다
하얀 날개 달고 파란 새와 함께 날고

바람에 누워 있는 갈대밭 지나
코스모스 엎드린 고향길 갔었지

살구나무에 걸터앉아 있는
나를 보고 나의 꿈 아름다워라

강줄기 타고 오며 바다 만났네
살구나무에 앉아 있는 나 생각하며

소년의 마음 생각하다 꿈에서 깨었지
나 여기 있는 것 확인하고

아직은 사라지지 않은 꿈을 위하여
어두워 가는 하늘 위 솔개 한 마리

부는 바람에 앞을 보며 움직이지 않고 있네
나의 꿈은 소년 되어 언젠가는 눈뜨겠지

컹컹 짖어대는 밤거리를 걸으며
아름답다 생각했던 나의 꿈 생각하네.

비무장지대에서

날개 상한 새 한 마리 북쪽 찾아 날아가네
휴전선 쇠가시 철망에 잠시 앉았다
노루, 산양, 멧돼지, 두루미 동물 천국이네

날개 상한 새 친구들 바라보니 함께 살고 싶어
졸졸졸 흐르는 개울물 너무 맑아
쉴 새 없이 들이키고 상한 날개 모두 치유했네

여기가 어디쯤일까
집 한 채 사람 한 명 보이지 않고 아직 남아 있는
낙엽들 온 세상 울긋불긋 뒤덮어 행복한 나라

마음 졸이면서 여기까지 날았는데
날개 상한 새 날개 다 나으면 여기에 머물고 싶어라
남쪽도 아닌 북쪽도 아닌 곳
저 새는 알까?

아스라이 보이는 곳 개울물 속 먹이들
너무 많아 관심 두지 않네.
마음껏 먹고 날아
새로운 삶 찾은 새들은 오늘도 남쪽, 북쪽 마음껏 날고

깨어져 가며 태어나는 것에 배운다

노오란 장미 한 잎 어미 품속에 있던 알 한 개
소리없이 금이 갔다 장미가 상처를 메꾸자
마술사의 손에서 태어난 비둘기처럼
노오란 병아리 장미 꽃잎에 물고 사뿐사뿐

어미 품 밖으로 나오려 수십 번 뒹굴다
자세가 잡혔는지 꽃잎은 찢겼지만 알이 깨지고
새로운 생명이 마술사 손이 아닌 어미닭 품에서
연거푸 쏟아져 나온다 노오란 장미 꽃잎들은

새로운 탄생을 축복하며 어미소의 미소가 크다
어미의 보호 능력은 하늘에 떠 있는 것과
빈 나뭇가지에 앉아 있는 큼직한 새들의
향방에 신경 날카로운데 겨울날 뜨거운 나라에 가서

옷을 벗고 더위 땀 뻘뻘 흘리며 셔틀버스
병아리들 여기저기 뿔뿔이 흩어지려 하자 뒤뚱거리며
먹이는 것보다 우선 먹히는 것에 불안하다
자세히 바라보는 내 이마에 장미 한 잎 붙는다.

시

여류시인의 말처럼
밖에 비라도 내리면
눈처럼 하얀 백지에
자작나무 같은 시 한편 써 보고 싶다

귀 언저리에서 춤추듯
음악소리 산만해도
들리지 않을 만큼 라디오를 켜놓고
그림 같은 시를 써 보고 싶다

마음속 조용한 비명이 울릴 때까지
이 세상에서 가장 기쁜 마음을 담아내 보자
안개꽃잎파리 행간 속으로 활짝 열리고
시가 내 하얀 마음으로 다가올 때
새하얀 그 꽃 보면서

꽃처럼 나비처럼

너는 무대 위에 핀 하얀 꽃
나는 아름다운 음악소리
내가 꽃을 사랑하듯
무대 위의 나비도 내 악기에 앉을까

음악소리는 쉬지 않고 정원으로 향하고,
너의 날개 짓도 멈추지 않고 정원으로 따라가네

계절이 바뀌어도
변함없는 저 음악처럼
우리들의 사랑도
꽃이 되고 나비 되어
밤하늘의 별처럼 영원 할 수 있을까

사막에 피어있는 장미꽃 한 송이

아름답게 피어있는 장미꽃 한 송이
누군가를 기다리며 피어 있지요
목마름 견디지 못하고
장미꽃 모습 조금씩 변할 때
낙타를 타고 나타난 청년 한 명
매일처럼 물들고 뿌려 주었지요
어느 날 사막에 폭풍이 쉬지 않고 불던 때
청년은 사라지고 장미꽃 그 모습 그대로
청년을 기다리며 심장을 터트리며
안간힘 쓰며 자태를 잃지 않았다오
언젠가부터 밤이면 사라지고
태양이 떠오르면 다시 제 모습으로 서 있습니다
언제까지 기다려야 하는 걸까
용감한 청년을 잊지 못 합니다
지나는 집시들은 장미꽃 곁에서
장미 향기에 취하고
가까이 다가설 수 없을 정도의 장미꽃은
오늘도 자리를 옮겨 다니며
집시들 근처에 피어 있습니다

세월이 지나고 낙타를 타고 나타난 청년 한 명
장미꽃 곁에서 내리더니
두 손으로 장미꽃 안을 듯합니다
태양이 움직임 멈추고 장미를 비추자
더욱 빨개진 장미 꽃잎
청년은 기어이 꽃잎에 손을 댑니다
장미꽃은 부스러져 모래가 되어 버리고
회오리바람 불어 하늘로 치솟아 오릅니다
장미꽃 있던 자리에는
향기만 영원히 남았습니다.

가을이 떠나면

가을이 지나고
나뭇잎 떨어져 한 곳에 모이면
사랑하고 싶은 모든 것들이
석양빛처럼
서성이는 나를 외면한다

뜨겁던 피가 식으면
별들의 유혹에도
상처 입은 것들과
세 계절을 더 보내고

내 눈에 보이지 않지만
당신은 뜨거운 숨을 내쉬고
머무를 수 있는 그 순간까지
별들을 삼킨다

지나간 것들은 더 이상 기억하지 말자.

이 도서의 국립중앙도서관 출판시도서목록(CIP)은 e-CIP 홈페이지
(http://www.nl.go.kr/ecip)에서 이용하실 수 있습니다.
(CIP 제어번호 : CIP2016017094)

장미의 외출

글쓴이 / 김종석
펴낸이 / 孫貞順
펴낸곳 / 모아드림

1판 1쇄 / 2016년 7월 25일

서울 마포구 신촌로 202(5층)
전화 / 365-8111~2
팩시밀리 / 365-8110
E-mail / morebook@morebook.co.kr
http://www.morebook.co.kr
등록번호 / 제2-2264호(1996.10.24)

ISBN 978-89-5664-176-8

값 10,000원